Lesende Frauen

SABRINA MELANDRI

Lesende Frauen

Anmut und Verzauberung

THIELE VERLAG

Inhalt

Wenn Frauen lesen

VON SABRINA MELANDRI

Das Bild einer lesenden Frau erzählt eine eigene Geschichte.

Stiehlt die Lesende sich einen Moment aus der täglichen Routine, um in die Behaglichkeit und den Trost eines Buches einzutauchen? Träumt sie sich weit weg? Sucht sie in den bedruckten Seiten nach Antworten für ihr eigenes Leben? Ist das Lesen für sie eine Möglichkeit, etwas zu verändern?

Sicherlich findet sie in den Seiten eines Romans eine Möglichkeit, ihrer Alltagsroutine zu entkommen. Möglicherweise sucht sie ihren Horizont zu erweitern, ihr Leben zu vertiefen. Vielleicht grübelt sie über eine Stelle, die sie irritiert. Spürt, daß das Buch, welches sie in Händen hält, die Zeit anhält. Sie träumt, sie fiebert, sie schmilzt dahin, sie verliert sich. Sie löst sich auf. Und setzt sich wieder neu zusammen.

Jedes Buch erschafft seine eigene Welt. Die Magie der Worte läßt alle Realität unwirklich werden. Und das Lesen kann zur Geburtsstunde neuer Ideen werden.

Bilder von lesenden Frauen wecken unweigerlich Reminiszenzen an eigene Lektüreerfahrungen und –erlebnisse. Wenn wir solche Bilder betrachten, überkommt uns eine große Ruhe. Wir spüren, daß wir verzaubert und von ihrer Anmut gefangengenommen werden. Jenseits der Schönheit, die sie ausstrahlen und die in ihnen selbst zu ruhen scheint, sind sie zugleich Ausdruck einer wichtigen, unausgesprochenen kulturellen Idee

> In uns selbst liegen die Sterne unseres Glücks.
> HEINRICH HEINE

9

– sie verbirgt sich in den kostbaren Interieurs, den wunderbaren Stoffen, der angenehmen und komfortablen Umgebung, welche die Muße der Lektüre nur noch unterstreicht. Die Leserin selbst gibt sich der Muße hin, sie ist eins mit ihrer Welt.

Das Sujet der lesenden Frau

Das Motiv der »lesenden Frau« ist selbst eine lange, komplexe Geschichte, die Generationen von Künstlern fasziniert hat. Warum wurde *La liseuse*, *the reading woman* zu solch einem bevorzugten Sujet, einem beliebten Thema für Maler im achtzehnten, neunzehnten und frühen zwanzigsten Jahrhundert?

Auf dem Höhepunkt sowohl der impressionistischen Bewegung in Frankreich wie der viktorianischen Ära in England wurde das kleine Mädchen oder die Frau – versunken in die Lektüre eines Buches – mitten in eine schöne Landschaft oder in ein mehr oder weniger illustres Interieur gesetzt und so zu einem visuellen Gegenstück zum immer stärker industrialisierten und urbanisierten Europa. In den Gesichtern lesender Frauen spiegeln sich Versunkenheit und Anmut, Verzauberung und Betörung, Mitgefühl und Sehnsucht, Erstaunen und Trauer. Ganz gleich, wann und wo sie lesen, bei Tag oder bei Nacht, am Strand oder am Schreibtisch, allein oder zu zweit, im Liegen oder im Stehen, in jedem Alter, überall und zu jeder Zeit. Das Sujet der »lesenden Frau« führt uns in die Mitte der weiblichen Existenz.

Die Frauen der vergangenen Jahrhunderte lebten weitgehend in einer Welt, deren Politik, Wirtschaft und Kultur von Männern dominiert wurde. Das Lesen von Büchern war oftmals der einzige Weg, mit dem sie sich Zugang zu dieser Welt, ja überhaupt zur Welt außerhalb ihres oft eng gesteckten privaten Rahmens verschaffen konnten. Doch die lesende Frau auf den Bildern war für den Mann nicht nur eine Phantasie, eine Bestätigung der stillen Behaglichkeit und hart erworbenen so-

Die Sprache ist die
Kleidung der Gedanken.
SAMUEL JOHNSON

zialen Stabilität. Mit der Lektüre machte auch das überlieferte Bild der Frau, die vor allem mit häuslichen Tätigkeiten wie Nähen und Sticken beschäftigt war, einer neuen Heldin Platz, die in direkten Konflikt mit traditionellen Konventionen geriet. Denn was sie las, waren keineswegs nur sentimentale Romane oder erbauliche Schriften zur Stärkung der Moral. Die neue Frau fuhr Fahrrad, spielte Tennis, besuchte Cafés und – am wichtigsten – war gebildet. Sie las Bücher! *La liseuse* war die denkende Frau, die nichts von ihrer Schönheit einbüßte, aber gefangen war von den Büchern, die sie in Händen hielt.

Es ist ein Glück zu lesen!
ELKE HEIDENREICH

Die Lust am Lesen

George Bernard Shaw faßte es am radikalsten in Worte: »Liebe, Schönheit, Wahrheit – darüber erfahren wir nur aus Büchern!« Es ist wohl vor allem für Frauen so.

Und obwohl Bücher uns ironischerweise ins Unbekannte entführen, führen sie uns auch zu uns selbst zurück. Die Kenntnis des Anderen und Fremden läßt auch uns selbst besser verstehen. Und vielleicht ist es diese Identifizierung – eine Art Beziehung, die von der Leserin zum Autor fließt und wieder zurück –, die uns an Bücher fesselt. Letztlich lesen wir nicht so sehr, um etwas zu wissen oder zu kennen, sondern um zu erfahren und zu fühlen. Wir verlieben uns, während wir lesen, immer wieder, weil Lesen nicht nur unseren Herzschlag ein wenig beschleunigt, sondern auch weil unser Herz ein bißchen im Rhythmus mit anderen schlägt.

Lust am Lesen zu empfinden, bedarf einer besonderen Lebenskunst: Wir müssen es gelernt und erfahren haben, mit dem geschriebenen Wort umzugehen, gleich ob wir zu unserem Vergnügen, in unserem Beruf oder aus innerem Drang lesen. Nur dann gelingt uns die Teilhabe an Dingen und Erfahrungen, welche die Grenzen unseres eigenen Lebens überschreiten.

Dabei ist nicht unwesentlich, sich einen spielerischen Zugang zur Literatur zu bewahren, so daß sich immer neue Bilder ergeben, immer neue Facetten. Und sich entzücken zu lassen, um ein hoffnungslos altmodisches Wort zu gebrauchen, denn letztlich geht es beim Lesen doch darum, »die uns im Leben zugeteilten Stunden der Langeweile gegen solche des Entzückens einzutauschen« (François de la Rochefoucauld). Sich nicht nur irgendeinem »Lesespaß«, sondern einem ästhetischen Vergnügen hinzugeben. Die Spielräume auszuschöpfen, die sich durch Lektüre in der Phantasie der Leserin auftun, sich verführen zu lassen von der Möglichkeit des Weiterdenkens und Weiterspinnens und auch des Widersinns.

Bücher sind eine einzigartige Einladung, das Leben zu deuten, zu verstehen, einen schärferen Blick, ein heißeres Herz zu gewinnen. Doch wer liest, will auch Lust, eine pure Lust am Spiel, am Schönen und am Schrecklichen, an Spannung und Entspannung, am Lachen und am Weinen und *last, but not least*, auch eine erotische, sexuelle, ja unerhörterweise pornographische Lust. *Leselust* ist ein wunderbares Wort. Gegen all die lustfeindlichen Exerzitien der literarischen Moderne, gegen die grassierende Zweckmäßigkeit setzt diese Lust auf die Emotionen, die uns beim Lesen bewegen, das Wohlgefallen am Schönen, die Sucht nach Spannung und Entspannung. Denn eine Erklärung, warum das Lesen trotz medialer Reizüberflutung nicht auf der Strecke bleibt, muß es ja geben. Denn warum lesen wir? In erster Linie doch wohl, weil es uns Spaß macht, Vergnügen bereitet.

Schon das Wissen, daß uns am Ende eines langen Tages ein gutes Buch erwartet, macht diesen Tag zu einem glücklichen.
KATHLEEN NORRIS

Der Flow des Lesens

Lesen macht glücklich, weil es Mühe bereitet, lautet eine – paradoxe – These von Verhaltensforschern. Das Ergebnis der Anstrengung ist meditative Konzentration, ein verändertes Zeitgefühl und die Überwindung beengender Ich-Grenzen – der *Flow*, wie der prominente Glücksforscher Mihaly Csikszentmihalyi das genannt hat. Gerade weil es nicht leicht ist, sich aus wenigen abstrakten Symbolen ganze Welten zusammenzusetzen, macht Lesen Spaß. »Nur auf Umwegen erreicht man das Glück«, fand Csikszentmihalyi heraus, als er nach gemeinsamen Verhaltensmustern zufriedener Menschen suchte. Seine *Flow*-Theorie: Wenn Menschen konzentriert auf ein Ziel hinarbeiten, sich selbst bestätigen oder Rückmeldungen über ihr Fortkommen erhalten und sich selbst irgendwann vergessen, empfinden sie irgendwann den sogenannten *Flow*, ein glücksbringendes Gefühl. Sie sind mit sich im reinen, sie sind im Fluß.

Flow bedeutet fließen. Und wer freut sich nicht, wenn er die Wörter nur so in einem Fluß lesen kann, daß es eine Freude ist?

Jede lesende Frau ist etwas Besonderes

Das Vergnügen und der Wert der nachdrücklichen Erfahrung, die eine Leserin macht, finden in diesem Buch in den Worten verschiedener Schriftstellerinnen und Schriftstellern ihren Ausdruck. Wie relevant ihre Meinungen und Ansichten für uns heute sind, zeigt schon, wie schwer es für uns ist, in unserer geschäftigen, schnellebigen Zeit diese kleinen Nischen ganz privater Zeit zu finden – Zeit zu lesen.

Jede Frau, die liest, ist etwas Besonderes. Sie ist zu bewundern. Und zu beneiden. Denn sie trägt einen Garten bei sich, in den sie fliehen kann, wann immer es ihr beliebt. Einen Garten, in dem sie Erkenntnis findet, ungestörte Ruhe, vollkommenes Glück.

So lädt dieses Buch Sie ein, in diesem Garten zu verweilen, seine Schönheiten zu genießen und ganz besondere Momente zu teilen – mit jenen wunderbaren Frauen, die lesen.

Ein Buch ist wie ein Garten, den man in der Tasche trägt.
SPRICHWORT

Persönliche
Erfahrungen

Eine sommerliche Kindheitserinnerung

VON DANIEL PENNAC

Ich habe nie einen Kummer gehabt, den nicht eine Stunde Lesen zu lindern vermocht hätte.
CHARLES SECONDAT DE MONTESQUIEU

Als ich acht war, entschied ich für mich, daß das wunderbarste Ding nach einem menschlichen Wesen ein Buch war.
MARGARET WALKER

Die Stunde der Mittagsruhe. Der kleine Bruder bäuchlings auf dem Bett, das Kinn auf die Handflächen gestützt, in ein dickes Buch vertieft. Der kleine Bruder spielt sich auf: »Was liest du da?«

DER GROSSE: *Der große Regen.*

DER KLEINE: Ist das gut?

DER GROSSE: Ganz toll!

DER KLEINE: Wovon handelt es?

DER GROSSE: Das ist die Geschichte von einem Kerl: Am Anfang trinkt er viel Whisky, am Ende trinkt er viel Wasser!

Mehr war nicht nötig, damit ich den Rest jenes Sommers bis auf die Haut durchnäßt von Mister Louis Bromfields *Großem Regen* verbrachte, das ich meinem Bruder stibitzt habe, der es nie zu Ende gelesen hat.

Die unendliche Geschichte

VON MICHAEL ENDE

Durch das Meer der
Märchenwelt, durch das
blaue Zauberweltmeer
zieht mein Schiff,
mein Zauberschiff
seine träumerischen
Furchen.

HEINRICH HEINE

Wer niemals ganze Nachmittage lang mit glühenden Ohren und verstrubbeltem Haar über einem Buch saß und las und las und die Welt um sich her vergaß, nicht mehr merkte, daß er hungrig wurde oder fror –

Wer niemals heimlich beim Schein einer Taschenlampe unter der Bettdecke gelesen hat, weil Vater oder Mutter oder sonst irgendeine besorgte Person einem das Licht ausknipste mit der gutgemeinten Begründung, man müsse jetzt schlafen, da man doch morgen so früh aus den Federn sollte –

Wer niemals offen oder im geheimen bitterliche Tränen vergossen hat, weil eine wunderbare Geschichte zu Ende ging und man Abschied nehmen mußte von den Gestalten, mit denen man gemeinsam so viele Abenteuer erlebt hatte, die man liebte und bewunderte, um die man gebangt und für die man gehofft hatte, und ohne deren Gesellschaft einem das Leben leer und sinnlos schien –

Wer nichts von alledem aus eigener Erfahrung kennt, nun, der wird wahrscheinlich nicht begreifen können, was Bastian jetzt tat.

Er starrte auf den Titel des Buches, und ihm wurde abwechselnd heiß und kalt. Das, genau das war es, wovon er schon oft geträumt und was er sich, seit er von seiner Leidenschaft befallen war, gewünscht hatte: Eine Geschichte, die niemals zu Ende ging! Das Buch aller Bücher!

Lesen und Flüchten

VON ULRICH GREINER

Woher habe ich eigentlich die Zeit, so viele Bücher nicht zu lesen?

KARL KRAUS

Solange das Lesen für uns der Initiator ist, dessen Zauberschlüssel uns in der Tiefe unseres Selbst das Tor zu Räumen öffnet, in die wir sonst nicht einzudringen vermocht hätten, ist seine Rolle in unserm Leben heilsam.

MARCEL PROUST

Es ist wohl so, daß wir den Alltag und die Wiederkehr des Gleichen gelegentlich, vielleicht auch sehr oft als ein Gefängnis empfinden, aus dem wir in das Reich der Vorstellungen, der Fantasien und der Tagträume entfliehen. Die meisten Menschen tun das, ohne sich dessen immer bewußt zu sein. Ich behaupte nun, daß dieses Fluchtbedürfnis Hauptantrieb der Leseleidenschaft ist. Literatur zu schreiben und zu lesen ist eine hoch entwickelte Form des Eskapismus ... Hier wird das Lesen zum Fluchthelfer, und diese Flucht führt nicht in ein ungefähres Nirgendwo, sondern es erschafft eine Wirklichkeit eigener Qualität, eine Gegenwirklichkeit, die dann eine größere Geltung haben kann als die eigentliche ...

Es gibt nie nur eine einzige Wirklichkeit. Wenn man es sonst nicht weiß – als Leser weiß man es. Neben der Welt der Zahlen und Fakten gibt es die Welt der Gedanken und Vorstellungen, die Welt der Träume und der Fantasien, die Welt des Glaubens und der Mythen. Das Eigentümliche, das Wunderbare an der Literatur liegt eben darin, daß in ihr alle diese Wirklichkeiten nebeneinander bestehen können, gleichzeitig und gleichberechtigt, und daß sie gegeneinander durchlässig sind ...

Lesen war das Eintauchen in parallele
Welten, Lesen war Nicht-Alltag, war Sucht
und Flucht vor Mühe und Langeweile.
SILVIA BOVENSCHEN

Das Buch, das herrlich ist

VON INGEBORG BACHMANN

Laß uns lesen und laß
uns tanzen, das sind
zwei Hauptvergnügen,
die niemals irgendeinen
Schaden anzurichten
imstande sind.

VOLTAIRE

Entdecken Sie das Glück,
in eine Geschichte ein-
zutauchen und etwas von
sich selbst darin wieder-
zufinden!

ELKE HEIDENREICH

Ein Brausen von Worten fängt an in meinem Kopf und dann ein Leuchten, einige Silben flimmern schon auf, und aus allen Satzschachteln fliegen bunte Kommas, und die Punkte, die einmal schwarz waren, schweben aufgeblasen zu Luftballons an meine Hirndecke, denn in dem Buch, das herrlich ist und das ich also zu finden anfange, wird alles Sein wie Esulate Jubilate. Wenn es dieses Buch geben sollte, und eines Tages wird es das geben müssen, wird man sich vor Freude auf den Boden werfen, bloß weil man eine Seite daraus gelesen hat, man wird einen Luftsprung tun, es wird einem geholfen sein, man liest weiter und beißt sich in die Hand, um vor Freude nicht aufschreien zu müssen, es ist kaum auszuhalten, und wenn man auf dem Fensterbrett sitzt und weiterliest, wirft man den Leuten auf der Straße Konfetti hinunter, damit sie erstaunt stehenbleiben, als wären sie in einen Karneval geraten, und man wirft Äpfel und Nüsse, Datteln und Feigen hinunter, als wäre Nikolaustag, man beugt sich, ganz schwindelfrei, aus dem Fenster und schreit: Hört nur, hört! schaut nur, schaut! ich habe etwas Wunderbares gelesen, darf ich es euch vorlesen, kommt näher alle, es ist zu wunderbar!

Das Buch, das mein Leben veränderte

VON ORHAN PAMUK

Man lernt vom Leben, indem man lebt. Man lernt vom Lesen, indem man liest. Und da das Lesen von Literatur immer Einblicke in das Leben anderer gibt, erfährt man dabei vom Leben mehr, als man selbst erleben kann. Lesend erlebt man andere Leben mit.

GÜNTER DE BRUYN

Eines Tages las ich ein Buch, und mein ganzes Leben veränderte sich. Auf den ersten Seiten schon bekam ich die Kraft dieses Buches innerlich so stark zu spüren, daß ich glaubte, mein Körper habe sich von Tisch und Stuhl, wo ich saß, gelöst und abgehoben. Aber trotz dieses Gefühls schien ich fester als eh und je mit meinem ganzen Sein und allen Fasern meines Körpers auf dem Stuhl am Tisch zu sitzen, und das Buch bewies seine ganze Wirkung nicht nur in meinem Geist, sondern in allem, was mich zu mir selbst machte. So kraftvoll war die Wirkung, daß ich meinte, mir sprühe beim Lesen aus den Seiten dieses Buches Licht entgegen, ein Licht, das meinen Verstand vollkommen stumpf und im gleichen Moment überaus glänzend werden ließ. Und mir kam der Gedanke, ich würde neu und anders werden in diesem Licht, und ich ahnte, es würde mich auf einen anderen Weg führen, dieses Licht, und ich nahm in diesem Licht die Schemen eines Daseins wahr, das ich später kennenlernen, mit dem ich vertraut sein würde.

Das Lieblingsbuch

VON MARCEL PROUST

Ich las schon lang. Seit dieser Nachmittag, mit Regen rauschend, an den Fenstern lag. Vom Winde draußen hörte ich nichts mehr: mein Buch war schwer. Ich sah ihm in die Blätter wie in Mienen, die dunkel werden von Nachdenklichkeit, und um mein Lesen staute sich die Zeit. – Auf einmal sind die Seiten überschienen, und statt der bangen Wortverworrenheit steht: Abend, Abend ... überall auf ihnen.

RAINER MARIA RILKE

Es gibt keine bessere Methode, den Appetit eines Lesers anzuregen, als ihn eine Lese-Orgie wittern zu lassen.

DANIEL PENNAC

Es gibt vielleicht keine Tage unserer Kindheit, die wir so voll erlebt haben wie jene, die wir glaubten verstreichen zu lassen, ohne sie zu erleben, jene nämlich, die wir mit einem Lieblingsbuch verbracht haben. Alles, was sie, wie es schien, für die andern erfüllte und was wir wie eine vulgäre Unterbrechung eines göttlichen Vergnügens beiseite schoben: das Spiel, zu dem uns ein Freund bei der interessantesten Stelle abholen wollte; die störende Biene oder der lästige Sonnenstrahl, die uns zwangen, den Blick von der Seite zu heben oder den Platz zu wechseln; die für die Nachmittagsmahlzeit mitgegebenen Vorräte, die wir unberührt neben uns auf der Bank liegen ließen, während über unserm Haupt die Sonne am blauen Himmel unaufhaltsam schwächer wurde; das Abendessen, zu dem wir zurück ins Haus mußten und während dessen wir nur daran dachten, sogleich danach in unser Zimmer hinaufzugehen, um das unterbrochene Kapitel zu beenden, all das, worin unser Lesen uns nur Belästigung hätte sehen lassen müssen, grub im Gegenteil eine so sanfte Erinnerung in uns ein (die nach unserm heutigen Urteil um so vieles kostbarer ist als das, was wir damals mit Hingabe lasen), daß, wenn wir heute manchmal in diesen Büchern von einst blättern, sie nur noch wie die einzigen aufbewahrten Kalender der entflohenen Tage sind, und es mit der Hoffnung geschieht, auf ihren Seiten die nicht mehr existierenden Wohnstätten und Teiche sich widerspiegeln zu sehen.

Wenn Literatur alles ist

VON JOHANNES THIELE

Liebe, Schönheit,
Wahrheit – darüber erfah-
ren wir nur aus Büchern!
GEORGE BERNARD SHAW

Wir lesen Tausende, Zehntausende Texte in unserem Leben. Texte in Beipackzetteln, Gebrauchsanweisungen, Gesetzbüchern, Zeitungen, Lexika, Taschenbüchern, Bestsellern. Literatur wird aus Texten erst dann, wenn sie uns fühlen lassen, wirklich fühlen lassen. Große Literatur haben wir vor Augen, wenn wir uns noch im kleinsten Vers und in der kürzesten Geschichte als Teil der Menschheit fühlen.

Wenn Literatur uns nicht bewegt, zu Tränen rührt, aufrüttelt, erschüttert, frieren macht, Hitze unter die Haut schickt, wenn sie uns nicht sehnsüchtig stimmt, elegisch oder melancholisch, wenn sie nicht unsere Ängste schürt und unsere Hoffnungen hochfliegen läßt bis zu den weißen Wolken, wenn sie uns nicht unsere Unterlassungen und fahrlässigen Versäumnisse bewußt macht, uns nicht etwas Holdseliges, Staunlustiges, Traumschönes in Erinnerung ruft, etwas, das wir alle einmal geahnt haben, als wir – willig oder unwillig – ein zerknittertes Reclamheftchen oder abgegriffenes Hamburger Leseheft in Händen hielten, wenn sie uns nicht durch alle Höllen schickt und uns alle Himmel zeigt, wenn sie nicht die unendliche lange Weile unseres Lebens unterbricht, wenn wir nicht einmal nach einer Lektüre die Welt in Brand setzen wollten oder vor Liebe vergehen – dann ist sie nichts. Gar nichts. Wenn sie aber nur ein Fünkchen ist, ein Fünkchen Wahrheit, Lust, Witz, Überschuß, Wahnsinn – dann ist sie alles.

O mein Freund, wiederhole es Dir unaufhörlich, wie kurz
das Leben ist, und daß nichts so wahrhaftig existiert als
ein Kunstwerk. – Kritik geht unter, leibliche Geschlechter
verlöschen, Systeme wechseln, aber wenn die Welt einmal
aufbrennt wie ein Papierschnitzel, so werden die Kunstwerke
die letzten lebendigen Funken sein, die in das Haus Gottes
gehen, – dann erst kommt Finsternis.

CAROLINE SCHLEGEL

Die Bibliothek als etwas Lebendiges

VON UMBERTO ECO

Eine strenge und unum-
stößliche Regel, was man
lesen sollte und was nicht,
ist albern. Man sollte alles
lesen. Mehr als die Hälfte
unserer heutigen Bildung
verdanken wir dem, das
man nicht lesen sollte.

OSCAR WILDE

Das Paradies habe ich
mir immer wie eine Art
Bibliothek vorgestellt.

JORGE LUIS BORGES

Bisher hatte ich immer gedacht, die Bücher sprächen nur von den menschlichen oder göttlichen Dingen, die sich außerhalb der Bücher befinden. Nun ging mir plötzlich auf, daß die Bücher nicht selten von anderen Büchern sprechen, ja, daß es mitunter so ist, als sprächen sie miteinander. Und im Licht dieser neuen Erkenntnis erschien mir die Bibliothek noch unheimlicher. War sie womöglich der Ort eines langen und säkularen Gewispers, eines unhörbaren Dialogs zwischen Pergament und Pergament? Also etwas Lebendiges, ein Raum voller Kräfte, die durch keinen menschlichen Geist gezähmt werden können, ein Schatzhaus voller Geheimnisse, die aus zahllosen Hirnen entsprungen sind und weiterleben nach dem Tod ihrer Erzeuger? Oder diese fortdauern lassen in sich?

Wiederlesen

VON SÁNDOR MÁRAI

Ich kann nicht ohne
Bücher leben.
THOMAS JEFFERSON

Jedes Buch ist wie eine
Läuterung, hat man es
ausgelesen, fühlt man sich
leer, wie eine trockene
Muschel am Strand,
die wartet, daß die Flut
wieder kommt.
DAPHNE DU MAURIER

Ich liebe ein Buch erst
dann, wenn ich es mindes-
tens vier Mal gelesen habe.
NANCY SPAIN

Es reicht nicht, zu lesen. Wiederlesen ist – so wird von allen Experten geraten – wichtiger.

Und man muß nicht nur das Buch wieder lesen, das in der Erinnerung verblaßt oder das wir beim ersten Lesen nicht ganz verstanden haben: Auch der Satz, das Substantiv, das Verb, das Attribut, das im Buch etwas schicksalhaft bestimmt, muß wiedergelesen werden. Denn was will ein Buch? Sich verständlich machen. Aber derlei geht langsam, fast so langsam und kompliziert wie im richtigen Leben. Ehepartner brauchen Jahrzehnte, bevor sich der eine dem anderen endlich verständlich machen kann. Auch Bücher sind so schwerfällige Bekannte.

Es reicht nicht, nach Katalog, nach der Mode oder der Tradition zu lesen; mit Instinkt muß man die Lektüre aufspüren, die – uns, ganz persönlich – etwas sagen kann. Man muß regelmäßig lesen, so wie man zu schlafen, zu essen, zu lieben und zu atmen pflegt. Die Bücher geben, wie Menschen auch, ihr Geheimnis, ihr Vertrauen nur preis, wenn auch du dich ihnen öffnest und hingibst.

Ich mag keine anderen Bücher lesen, nur solche, die mein Eigentum sind. Es reicht nicht, den Gedanken und das Wissen zu besitzen, die das Buch enthält. Auch das Buch selbst soll ganz mir gehören – bedingungslos, so wie man die Geliebte ganz haben will –, diese irdische Staubhülle des Gedankens.

Die unantastbaren Rechte des Lesers

VON DANIEL PENNAC

Lest Bücher und werdet
glücklich!
Wir sind nicht auf der
Welt um unglücklich
zu sein.
KLABUND

1 Das Recht, nicht zu lesen.

2 Das Recht, Seiten zu überspringen.

3 Das Recht, ein Buch nicht zu Ende zu lesen.

4 Das Recht, noch einmal zu lesen.

5 Das Recht, irgendwas zu lesen.

6 Das Recht auf Bovarysmus,
   d.h. den Roman als Leben zu sehen.

7 Das Recht, überall zu lesen.

8 Das Recht, herumzuschmökern.

9 Das Recht, laut zu lesen.

10 Das Recht zu schweigen.

Wir sind nicht die Geheimboten des Buches, sondern die
vereidigten Wächter eines Tempels, dessen Schätze wir mit
Worten preisen, die seine Türen verschließen: »Man muß
lesen! Man muß lesen!«
DANIEL PENNAC

Persönliche
Empfehlungen

Zehn wunderbare Zeugnisse wirklich großer Literatur

Eine Dichtung ist nichts anderes, als eine Aufforderung an das Publikum zu dichten.

EGON FRIEDELL

Giorgio Bassani, *Die Gärten der Finzi-Contini*

Gustave Flaubert, *Madame Bovary*

Henry James, *Portrait einer Lady*

Tommaso di Lampedusa, *Der Leopard*

Alberto Moravia, *Die Römerin*

Boris Pasternak, *Doktor Schiwago*

Marcel Proust, *Im Schatten junger Mädchenblüte*

Michael Ondaatje, *Der englische Patient*

James Salter, *Lichtjahre*

Arthur Schnitzler, *Traumnovelle*

Hierzulande sieht es ja so aus, als habe das Haus der Literatur nur zwei Stockwerke: einen fast völlig isolierten Elfenbeinturm und ein überfülltes, etwas marktschreierisches Parterre, wo es sehr laut und hektisch zugeht. Dazwischen gibt es aber noch ein wenig besuchtes Geschoß, wo sich der für mich interessanteste Teil der Welt tummelt. Dort wohnen die Erzähler. Da gefällt es mir am besten.
WOLFRAM FLEISCHHAUER

Zehn spannende Bücher
für ein Wochenende

Die Literatur ist die ange-
nehmste Art und Weise,
das Leben zu ignorieren.
FERNANDO PESSOA

Sebastian Faulks, *Die Liebe der Charlotte Gray*

Thomas Gifford, *Assassini*

John Grisham, *Die Akte*

Zehn schöne Romane
für verregnete Ferien

Bücherlesen heißt in einer
geistreichen Gesellschaft
sein, wo man nur zuhört
und nichts beiträgt zur
Unterhaltung.
JEAN PAUL

Gerne lesen heißt, die einem im Leben zugeteilten
Stunden der Langeweile
gegen solche des Entzü-
ckens einzutauschen.
FRANÇOIS DE LA
ROCHEFOUCAULD

Manfred Bieler, *Der Mädchenkrieg*

John Le Carré, *Das Rußland-Haus*

Robert Harris, *Enigma*

John Irving, *Das Hotel New Hampshire*

Henry James, *Die Flügel der Taube*

Henning Mankell, *Die fünfte Frau*

Arturo Pérez-Reverte, *Das Geheimnis der schwarzen Dame*

Erich Maria Remarque, *Arc de Triomphe*

Donna Tartt, *Die geheime Geschichte*

Leon Uris, *Mila 18*

Zehn historische Romane zum Eintauchen in vergangene Zeiten

Es gibt keine billigere
Unterhaltung als Lesen
und kein Vergnügen, das
länger anhält.
LADY MARY WORTLEY
MONTAGUE

Es gibt nur eine Stunde
eines gewöhnlichen Tages,
die noch vergnüglicher
ist als die Stunde, die
man mit einem Buch im
Bett vor dem Einschlafen
zubringt. Und das ist die
Stunde mit einem Buch
im Bett, nachdem man am
Morgen geweckt wurde.
ROSE MACAULAY

Donna W. Cross, *Die Päpstin*

Umberto Eco, *Der Name der Rose*

Ken Follett, *Die Säulen der Erde*

Rebecca Gablé, *Das Lächeln der Fortuna*

Ross King, *Michelangelo und die Fresken des Papstes*

Michelle Lovric, *Carnevale*

Kai Meyer, *Die Alchimistin*

Matthew Pearl, *Der Dante Club*

Peter Prange, *Die Principessa*

Patrick Süskind, *Das Parfum*

Zehn Romane über die große Liebe und die *amour fou*

In der Literatur und in der Liebe erstaunt uns immer wieder die Wahl, die andere treffen.
ANDRÉ MAUROIS

Ein anregendes Buch ist eine Speise, die hungrig macht.
MARIE VON EBNER-ESCHENBACH

Jane Austen, *Stolz und Vorurteil*

F. Scott Fitzgerald, *Der große Gatsby*

E. M. Forster, *Zimmer mit Aussicht*

Fruttero & Lucentini, *Der Liebhaber ohne festen Wohnsitz*

Nicole Krauss, *Die Geschichte der Liebe*

Milan Kundera, *Die unerträgliche Leichtigkeit des Seins*

Gabriel García Márquez, *Die Liebe in den Zeiten der Cholera*

Sándor Márai, *Die Glut*

Haruki Murakami, *Gefährliche Geliebte*

Audrey Niffenegger, *Die Frau des Zeitreisenden*

Zehn Romane über Bücher und das Lesen

Lesen ist Denken mit
fremdem Gehirn.
JORGE LUIS BORGES

Man kann Bücher ver-
schlingen. Ein dickes Buch
ist ein Brocken. Und doch
kriegt man immer mehr
Hunger.
DANIEL PENNAC

Jorge Luis Borges, *Die Bibliothek von Babel*

Antonia Byatt, *Besessen*

Italo Calvino, *Wenn ein Reisender in einer Winternacht*

Wolfram Fleischhauer, *Das Buch, in dem die Welt verschwand*

Cornelia Funke, *Tintenherz*

Klaas Huizing, *Der Buchtrinker*

Allan Kurzweil, *Die Leidenschaften eines Bibliothekars*

Pascal Mercier, *Nachtzug nach Lissabon*

Arturo Pérez-Reverte, *Der Club Dumas*

Carlos Ruiz Zafón, *Der Schatten des Windes*

Zehn Romane mit dem gewissen Etwas, die zu entdecken sich lohnen

Manche behaupten, Leben wäre das Wahre, aber ich ziehe Lesen vor.
RUTH RENDELL

Es gibt drei Regeln, wie man einen Roman schreibt. Unglücklicherweise weiß niemand, wie sie lauten.
WILLIAM SOMERSET MAUGHAM

Isabelle Allende, *Porträt in Sepia*

Alessandro Baricco, *Die Legende vom Ozeanpianisten*

Sybille Bedford, *Ein Liebling der Götter*

Jonathan Safran Foer, *Alles ist erleuchtet*

Carson McCullers, *Das Herz ist ein einsamer Jäger*

Laura Esquivel, *Bittersüße Schokolade*

Wolfram Fleischhauer, *Drei Minuten mit der Wirklichkeit*

Marisha Pessl, *Die alltägliche Physik des Unglücks*

Mario Vargas Llosa, *Tante Julia und der Kunstschreiber*

Stephen Vizinczey, *Wie ich lernte, die Frauen zu lieben*

Zehn Kriminalromane für die Entwicklung des Spürsinns

Man sollte immer nur solche Sachen lesen, die sich gut auf dem Nachttisch machen, wenn man mal plötzlich und unerwartet stirbt.
JULIAN BARNES

Die besten Bücher sind die, von denen jeder meint, er habe sie selbst schreiben können.
BLAISE PASCAL

Raymond Chandler, *Der große Schlaf*

Agatha Christie, *Mord im Orient-Expreß*

Wilkie Collins, *Die Frau in Weiß*

Dashiell Hammett, *Der Malteser Falke*

Veit Heinichen, *Gib jedem seinen eigenen Tod*

Peter Hoeg, *Fräulein Smillas Gespür für Schnee*

Donna Leon, *In Sachen Signora Brunetti*

Edgar Allan Poe, *Die Morde in der Rue Morgue*

Nicolas Remin, *Venezianische Verlobung*

Dorothy Sayers, *Rendezvous zum Mord*

Zehn phantastische Romane für Ausflüge in andere Welten

Bücher lesen, heißt
wandern gehen in ferne
Welten, aus den Stuben
über die Sterne.
JEAN PAUL

Man muß schon viel
Phantasie haben,
um ein wirklich guter
Leser zu sein.
RALPH WALDO EMERSON

Peter S. Beagle, *Das letzte Einhorn*

Marion Zimmer Bradley, *Die Nebel von Avalon*

Lewis Carroll, *Alice im Wunderland*

John Crowley, *Das Parlament der Feen*

C. S. Lewis, *Die Chroniken von Narnia*

Kai Meyer, *Die fließende Königin*

Terry Pratchett, *Die Farben der Magie*

Joanne K. Rowling, *Harry Potter und der Stein der Weisen*

Matthew Skelton, *Endymion Spring*

J. R. R. Tolkien, *Der Herr der Ringe*

Zehn erotische Romane für prickelndes Lesen

So etwas wie moralische oder unmoralische Bücher gibt es nicht. Bücher sind gut oder schlecht geschrieben. Das ist alles.
OSCAR WILDE

Jules Barbey d'Aurevilly, *Der rote Vorhang*

Giacomo Casanova, *Mein Leben*

Marguerite Duras, *Der Liebhaber*

Benoîte Groult, *Salz auf unserer Haut*

Pierre Choderlos de Laclos, *Gefährliche Liebschaften*

D. H. Lawrence, *Lady Chatterley*

Anaïs Nin, *Das Delta der Venus*

Henry Miller, *Stille Tage in Clichy*

Zeruyah Shalev, *Liebesleben*

Mario Vargas Llosa,
Die geheimen Aufzeichnungen des Don Rigoberto

Jeder denkt, ich sei total
verrückt nach Sex. In
Wahrheit lese ich viel
lieber ein gutes Buch.
MADONNA

Zehn Kinderbücher, die Klassiker sind

Ich wuchs auf und man
lehrte mich Bücher und
Brot zu küssen.
SALMAN RUSHDIE

James M. Barrie, *Peter Pan*

Michael Bond, *Paddington. Unser kleiner Bär*

Michael Ende, *Jim Knopf und Lukas, der Lokomotivführer*

Carlo Collodi, *Pinocchio*

Erich Kästner, *Das doppelte Lottchen*

Rudyard Kipling, *Das Dschungelbuch*

Selma Lagerlöf, *Die wunderbare Reise
des kleinen Nils Holgersson mit den Wildgänsen*

Astrid Lindgren, *Pippi Langstrumpf*

A. A. Milne, *Pu, der Bär*

Johann Spyri, *Heidi*

Wann immer ich zu lesen anfange, vergesse ich, daß ich auf der Welt bin.
ANZIA YEZIERSKA

Zehn Romane
der großen Gefühle

Literatur ist der
Schwindel, der uns die
Wahrheit sagt.
DOROTHY ALLISON

Federica de Cesco, *Die Tibeterin*

Colette, *Claudine*

Louis de Bernières, *Corellis Mandoline*

Wolfram Fleischhauer, *Die Frau mit den Regenhänden*

Ernest Hemingway, *Wem die Stunde schlägt*

Hanns-Josef Ortheil, *Die große Liebe*

Rosamunde Pilcher, *Die Muschelsucher*

Marcel Proust, *Eine Liebe Swanns*

Edith Wharton, *Zeit der Unschuld*

Leon de Winter, *Leo Kaplan*

Zehn Bücher, die Erwachsene noch einmal lesen sollten

Wer nicht liest, kennt die Welt nicht.
ARNO SCHMIDT

Zweifellos waren die schönen Abendstunden im väterlichen Zimmer nicht nur eine Anregung für unsere Phantasie, sondern auch für unsere Neugierde. Wenn man einmal den Zauber und den Trost großer Literatur gekostet hat, möchte man immer mehr davon haben – andere lächerliche Geschichten und weise Parabeln, vieldeutige Märchen und seltsame Abenteuer. Und so fängt man an, für sich selbst zu lesen.
KLAUS MANN

Alain-Fournier, *Der große Meaulnes*

René Goscinny, *Der kleine Nick*

Antoine de Saint-Exupéry, *Der kleine Prinz*

Charles Dickens, *Oliver Twist*

Michael Ende, *Die unendliche Geschichte*

Erich Kästner, *Pünktchen und Anton*

Astrid Lindgren, *Die Brüder Löwenherz*

Robert Louis Stevenson, *Die Schatzinsel*

Mark Twain, *Tom Sawyers Abenteuer*

Jules Verne, *In achtzig Tagen um die Welt*

Persönliche
Listen

Meine ersten Bücher

Ich habe selten einmal Zeit
zum Träumen und doch so
viele Träume.
FRANZISKA ZU
REVENTLOW

In der Kindheit und einem
Großteil meiner Jugend
nahm ich alles, was das
Buch mir sagte, und moch-
te es noch so phantastisch
sein, beim Lesen für bare
Münze; es war für mich
genauso greifbare Realität
wie das Buch selbst, das
ich in den Händen hielt.
ALBERTO MANGUEL

Bücher, die ich als Kind geliebt habe

Als ich die Büchereien
entdeckte, war es, als wäre
jeden Tag Weihnachten.
JEAN FRITZ

....

....

....

....

....

Man zieht sich auf sich
selbst zurück, läßt den
Körper ruhen, macht
sich unerreichbar und
unsichtbar für die Welt.
ALBERTO MANGUEL

Es gibt keinen Ersatz für
Bücher im Leben eines
Kindes.
MARY ELLEN CHASE

Bücher, die in meiner Jugend mein größter Schatz waren

Lesen ist ein freier Traum.

JEAN-PAUL SARTRE

Manchmal denke ich, der
Himmel besteht aus un-
unterbrochenem, niemals
ermüdendem Lesen.
VIRGINIA WOOLF

Bücher, die mir die Welt geöffnet haben

Als eine Frau lesen lernte, trat die Frauenfrage in die Welt.
MARIE VON EBNER-ESCHENBACH

Lesen macht uns alle zu Emigranten. Es führt uns von Zuhause fort, aber – wichtiger noch – gibt es uns überall ein Zuhause.
HAZEL ROCHMAN

Bücher, ohne die ich verloren wäre

Ich lese ständig oder denke
über das Lesen nach.
JOYCE CAROL OATES

....

....

....

....

....

Lies, um zu leben.
GUSTAVE FLAUBERT

....

....

....

....

Bücher, die mich und mein Leben verändert haben

Lesen, lesen und darauf vertrauen, daß die Augen sich öffnen, die Gesichter sich freuen, die Frage kommt und eine weitere Frage nach sich ziehen wird.

DANIEL PENNAC

....

....

....

....

....

....

....

....

....

All-Time-Favourites: Meine Lieblingsbücher

Wenn du ein Gärtchen hast
und eine Bibliothek,
so wird dir nichts fehlen.
MARCUS TULLIUS CICERO

Die Zeit zum Lesen dehnt,
wie die Zeit zum Lieben,
die Lebenszeit.
DANIEL PENNAC

Meine schönsten Leseerfahrungen

Die Bücher erfreuen uns
im innersten Herzen. Sie
sprechen mit uns, sie raten
uns, sie sind uns in leben-
diger, beredter Vertrautheit
verbunden.

FRANCESCO PETRARCA

Bücher, die mich zutiefst berührt haben

Ein Buch muß die Axt sein
für das gefrorene Meer in
uns.
FRANZ KAFKA

Ich glaube, daß ich ohne
Bücher nicht existieren
könnte. Für mich sind sie
die Welt.
GUSTAV JANOUCH

Bücher, die ich unbedingt noch lesen will

Ein sicheres Zeichen von einem guten Buch ist, wenn es einem immer besser gefällt, je älter man wird.
GEORG CHRISTOPH LICHTENBERG

Ich kenne zwei Arten von Lesern: diejenigen, die lesen, um sich zu erinnern, und die, die lesen, um zu vergessen.
WILLIAM LYON PHELPS

Bücher, die ich unbedingt mehrmals lesen will

Wenn man ein Buch nicht immer und immer wieder zu seiner Freude lesen kann, hat es keinen Wert, es überhaupt zu lesen.
OSCAR WILDE

Er war kein hastiger, gieriger Leser. Er hatte ein Alter erreicht, in dem es mehr Vergnügen bereitet, ein Buch zum zweiten-, dritten- oder viertenmal zu lesen als zum erstenmal. Und doch hatte er noch viele Kontinente zu entdecken. Jeden Sommer kostete ihn das Packen des schweren Bücherkoffers vor der Abreise an die See die größte Mühe ...
ITALO CALVINO

Bücher, die ich auf keinen Fall vergessen darf

Über jedem guten Buch muß das Gesicht des Lesers von Zeit zu Zeit hell werden.

CHRISTIAN MORGENSTERN

Und je mehr und je lauter ich las, desto mehr wuchs das Buch mir ans Herz und desto mehr fürchtete ich mich davor, die Länder, von denen es spricht, mit eigenen Augen zu sehen. Ich meine damit nicht Angst, sondern die Furcht im eigentlichen Sinn des Wortes, die Sorge nämlich um die Frische und Schönheit von Geschichten und Bildern, die sich nur noch lesend vorstellen lassen und an denen sich die Wirklichkeit längst nicht mehr messen kann.

FELICITAS HOPPE

Bücher, die mich als Frau besonders angesprochen haben

Die Frauen waren in der
Geschichte die Leserinnen,
die kleinen Fliegen, die
ins Netz des geschriebenen
Wortes gingen, sie waren
das Publikum.
DIBRAVKA UGRESIC

Persönlichkeitsentfaltung
und Lektüre bedingen sich
gegenseitig.
GERTRUD LEHNERT

Meine Lieblingsautoren

Ein Leser hat's gut: er
kann sich seine Schrift-
steller aussuchen.
KURT TUCHOLSKY

Gedichte, die ein Gefühl in mir geweckt haben

Sich durch Poesie ruiniert
zu haben ist eine Ehre.
OSCAR WILDE

Jeder gesunde Mensch
kann leicht zwei Tage ohne
Nahrung leben – ohne
Poesie niemals!
CHARLES BAUDELAIRE

Bücher, die mich ganz besonders inspiriert haben

Wer zu lesen versteht, besitzt den Schlüssel zu großen Taten, zu unerträumten Möglichkeiten, zu einem berauschenden, schönen, sinnerfüllten und glücklichen Leben.

ALDOUS HUXLEY

Manchmal, o glücklicher Augenblick, bist du in ein Buch so vertieft, daß du in ihm versinkst – du bist gar nicht mehr da. Herz und Lunge arbeiten, dein Körper verrichtet gleichmäßig seine innere Fabrikarbeit, – du fühlst ihn nicht. Du fühlst dich nicht. Nichts weißt du von der Welt um dich herum, du hörst nichts, du siehst nichts, du liest. Du bist im Banne eines Buches.

KURT TUCHOLSKY

Bücher, die mir alles bedeuten

Gut lesen, das heißt langsam, tief, rück- und vorsichtig, mit Hintergedanken, mit offen gelassenen Türen, mit zarten Fingern und Augen lesen.
FRIEDRICH NIETZSCHE

Ein Buch ist ein Freund, der nie enttäuscht.
SPRICHWORT

Bücher, die ich gerne verschenke

Vielleicht sind ja Bücher
das einzig wirklich Magi-
sche in diesem Leben.
ALICE HOFFMAN

Bücher, die ich im nächsten Urlaub in den Koffer packe

Bei einem Schriftsteller muß man, wie bei einem Chirurgen, das Gefühl haben, in guten Händen zu sein, damit man sich im Vertrauen betäuben lassen kann.

SAUL BELLOW

Nie mehr habe ich so gelesen wie in diesem langen, heißen
Sommer. Nie mehr war ich so besoffen von Buchstaben, nie
mehr haben Ohren und Stirn so geglüht, nie mehr hat mein
Herz so wild geschlagen, nie mehr habe ich solche Bilder
mit in den Schlaf genommen, Bücher waren für mich Hin-
terlassenschaften, in die ich hineinkriechen konnte.
GERHARD KÖPF

Bücher, die ich weiterempfehlen möchte

Ein Buch muß Wunden aufwühlen, sogar welche verursachen. Ein Buch muß eine Gefahr sein.
ÉMILE MICHEL CIORAN

....

....

....

....

....

....

....

....

Glänzende Schuhe sind eine
Wohltat, glänzende Litera-
tur nicht.
WAYNE KOESTENBAUM

Empfehlungen von Freundinnen und Freunden

Es ist immer noch besser, ein gutes Buch wird gekauft und nicht gelesen, als wenn es gar nicht gekauft wird.

MARCEL REICH-RANICKI

Früher wurden Bücher von
Literaten geschrieben und
vom Publikum gelesen.
Heute werden sie vom
Publikum geschrieben und
von niemandem gelesen.
OSCAR WILDE

Empfehlungen von Freundinnen und Freunden

Streng genommen, hat nur eine Sorte Bücher das Glück unserer Erde vermehrt: die Kochbücher.

JOSEPH CONRAD

Persönliches
Lese-Tagebuch

Glück empfinden

Was hast du vor dir, wenn du ein Buch aufschlägst? Kleine, schwarze Zeichen auf hellem Grunde. Du siehst sie an, und sie verwandeln sich in klingende Worte, die erzählen, schildern, belehren. In die Tiefen der Wissenschaft führen sie dich ein, enthüllen dir die Geheimnisse der Menschenseele, erwecken dein Mitgefühl, deine Entrüstung, deinen Haß, deine Begeisterung. Sie vermögen dich in Märchenländer zu zaubern, Landschaften von wunderbarer Schönheit vor dir erstehen zu lassen, dich in die sengende Wüstenluft zu versetzen, in den starren Frost der Eisregionen. Das Werden und Vergehen der Welten vermögen sie dich kennen, die Unermeßlichkeit des Alls dich ahnen zu lassen.

MARIE VON
EBNER-ESCHENBACH

Träumen folgen

Vielleicht ist von allen Dingen, die den Frauen geschadet haben, dasjenige das ärgste, nämlich die ungezügelte Verbreitung von Romanen seit hundert Jahren.

JAMES J. J. TISSOT

Lesen war meine erste bewußte Intimität – ein Akt, der es der Stimme eines anderen gestattete, in mich einzudringen, mich zu bewegen und zu berühren, in mir zu singen. Es war ein Gespräch mit den Toten, mit dem Unmöglichen, mit Träumen, die Fremde mir verschafften, zu meinem Entzücken, zu meiner Erkenntnis, zur Beseitigung meiner Einsamkeit. Lesen war das Wunder, mit den Augen eines anderen zu sehen.

A. L. KENNEDY

Vertrauen schenken

Jedermann kann einen
dreibändigen Roman
schreiben. Dazu bedarf
es nur völliger Unkennt-
nis des Lebens und der
Literatur.
OSCAR WILDE

Literatur hebt den Augen-
blick auf, dazu gibt es sie.
MAX FRISCH

Freundschaft wagen

Jedermann sollte ein Tage-
buch führen, aber das eines
anderen.

OSCAR WILDE

Unter den Arkaden des
Odéons waren Reihen von
gebundenen, mit Gold-
schnitt versehenen Bü-
chern ausgelegt, die bereits
aufgeschnitten waren; ich
las im Stehen ein oder zwei
Stunden lang, ohne daß je
ein Verkäufer mich störte
… Ich sagte mir, daß, so
lange es Bücher gebe, das
Glück mir sicher sei.

SIMONE DE BEAUVOIR

Ich habe das Haus noch nie
ohne Buch verlassen. Ich
sitze nie an einer Bushal-
testelle, an einem S-Bahn-
hof, ohne in einem Buch
zu lesen, und wer mich
anspricht, mich fragt, nach
dem Gleis, der Uhrzeit,
dem Bus, der nicht kom-
men will, muß mich zu-
rückholen, von Traumpfa-
den durch Schweizer Berge
und die römische Vorstadt.
Ich habe nur Handtaschen,
in die mindestens ein Ta-
schenbuch paßt, ich wähle
sie danach aus.
ZSUZSA BÁNK

Herzschlag hören

Eigentlich lernen wir nur von Büchern, die wir nicht beurteilen können. Der Autor eines Buches, das wir beurteilen können, müßte von uns lernen.
JOHANN WOLFGANG VON GOETHE

Andere mögen sich der Bücher rühmen, die sie geschrieben haben, mein Ruhm sind die Bücher, die ich gelesen habe.
JORGE LUIS BORGES

Das Leben ist so kurz! Selbst wenn Sie ein Bücherfresser
sind, und nur fünf Tage brauchen, um ein Buch zweimal zu
lesen, schaffen sie im Jahr nur siebzig. Und für die fünf-
undvierzig Jahre, von fünfzehn bis sechzig, die man aufnah-
mefähig ist, ergibt das 3.150 Bände: die wollen sorgfältig
ausgewählt sein.

ARNO SCHMIDT

Gedanken fassen

Worte sind Taten.

LUDWIG WITTGENSTEIN

Wir alle lesen in uns und
der uns umgebenden Welt,
um zu begreifen, wer wir
sind und wo wir sind. Wir
lesen, um zu verstehen
oder auf das Verstehen
hinzuarbeiten. Wir können
gar nicht anders: Das
Leben ist wie das Atmen
eine essentielle Lebens-
funktion.

ALBERTO MANGUEL

Mesdemoiselles, die Verführung durch die Literatur beginnt nicht in Gestalt des Wortschatzes und der Syntax. Denken Sie einmal daran zurück, wie sie schöne Literatur sich in unser Leben einschleicht. Im zartesten Alter, kaum, daß man aufhört, uns das Lied vorzusingen, bei dem das Neugeborene lächelt und einschläft, tut sich die Ära der Erzählungen auf. Das Kind trinkt sie, wie es seine Milch getrunken hat. Es verlangt nach Fortsetzung und Wiederholung der Wunder; es ist ein erbarmungsloses und ausgezeichnetes Publikum. Gott weiß, wie viele Stunden ich damit verloren habe, Kinder, die ihrem erschöpften Vater zuriefen: »Mehr!« mit Zauberern, Ungeheuern, Piraten und Feen zu versorgen.

PAUL VALÉRY

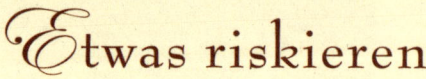

Etwas riskieren

Ich las Shakespeares
Sonette, als ich dreizehn
Jahre alt war, und ich bin
mir vollkommen sicher,
daß sie von allem, was
ich je gelesen hatte, den
tiefsten Eindruck auf
mich machten. Das war
ein Wendepunkt meines
Lebens, als ich die Sonette
von Shakespeare las.
KATHERINE ANNE PORTER

Der Roman ist ein Spiel
oder ein Scherz zwischen
Autor und Leser.
ANNIE DILLARD

Es wurde also beschlossen, Emma am Romanlesen zu hindern. Das Vorhaben schien nicht ganz einfach. Die gute Frau wollte sich darum kümmern: wenn sie durch Rouen käme, würde sie selbst zu dem Besitzer der Leihbücherei gehen und ihn davon in Kenntnis setzen, daß Emma ihr Abonnement kündigte. Hatte man nicht das Recht, die Polizei zu rufen, wenn der Buchhändler sein Vergiftungswerk trotzdem weiterbetrieb?

GUSTAVE FLAUBERT

Immer noch erregt mich
die Verheißung im Geruch
eines neuen Buches.
CARLOS RUIZ ZAFÓN

Wahrheit hören

In Wirklichkeit ist jeder Leser, wenn er liest, eigentlich der Leser seiner selbst. Das Werk des Schriftstellers ist lediglich eine Art von optischem Instrument, das der Autor dem Leser reicht, damit er erkennen möge, was er in sich sonst vielleicht nicht hätte sehen können.

MARCEL PROUST

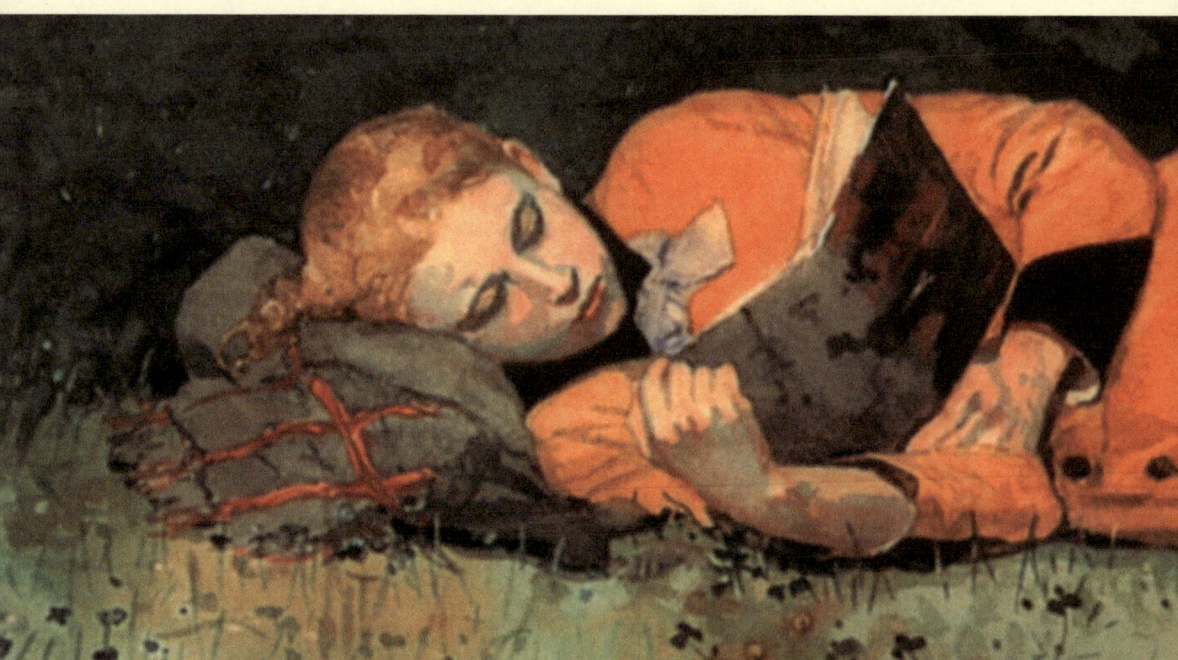

....

....

....

....

....

Ich lasse mein Buch auf
dem Tisch dort liegen und
lese jeden Morgen ein bißchen, sobald ich erwacht
bin, weil ich weiß, daß es
mir gut tut und mir durch
den Tag hilft.

LOUISA MAY ALCOTT

Schönheit empfinden

Die Fiktion enthüllt eine
Wahrheit, das die Wirk-
lichkeit verborgen hält.
JESSAMYN WEST

Lesen, indes
der weiße Flügelschlag
der Zeit uns streift,
ist das nicht Seligkeit?
EZRA POUND

Ich kann mich wohl kaum
an eine tiefere, allumfas-
sendere Freude erinnern
als den Augenblick, wenn
ich kurz vor dem Ende des
Buches angelangt war: Ich
legte das Buch weg, um mir
den Schluß für den nächs-
ten Tag aufzuheben, ich
schloß die Augen mit dem
Gefühl, die Zeit angehal-
ten zu haben.

ALBERTO MANGUEL

Die Klassiker-
Bibliothek

Keine Angst vor deutschen Klassikern!

33 BÜCHER, DEREN LEKTÜRE EIN BESONDERES ERLEBNIS IST

Ein klassisches Werk ist ein Buch, das die Leute loben, aber nie lesen.
ERNEST HEMINGWAY

Klassikerausgaben sind schon mehr Möbel als Literatur.
JACQUES TATI

Das Schlimme an neuen Büchern ist, daß sie uns hindern, die alten zu lesen.
JOSEPH JOUBERT

Ich mag und will jetzt nicht berühmt werden, aber nach fünfzig Jahren möchte ich gelesen werden.
ANNETTE VON DROSTE-HÜLSHOFF

Gotthold Ephraim Lessing, *Minna von Barnhelm*

Christoph Martin Wieland, *Musarion*

Georg Christoph Lichtenberg, *Aus den Sudelbüchern*

Johann Wolfgang von Goethe, *Die Leiden des jungen Werthers*

Friedrich Schiller, *Die Räuber*

Novalis, *Hyacinth und Rosenblüth*

Friedrich Schlegel, *Lucinde*

Adelbert von Chamisso, *Peter Schlemihls wundersame Geschichte*

Joseph von Eichendorff, *Aus dem Leben eines Taugenichts*

Franz Grillparzer, *Des Meeres und der Liebe Wellen*

Annette von Droste-Hülshoff, *Die Judenbuche*

Heinrich Heine, *Die Harzreise*

Der gute Junker versank so
tief in seine Lektüre, daß
er die Nächte von Un-
tergang bis Aufgang und
die Tage von Aufgang bis
Untergang damit zubrachte
und sich endlich durch zu
viel Lesen und zu wenig
Schlaf das Gehirn so aus-
dörrte, daß er den Verstand
verlor. Er füllte sich den
Kopf mit allem, was er in
seinen Büchern fand, als
da sind: Verzauberungen,
Fehden, Schlachten, Her-
ausforderungen, Wunden,
Zärtlichkeiten, Liebeshän-
del, Seestürme und andere
Tollheiten mehr; und so
tief arbeitete er in sich
hinein, daß ihm endlich
dieser Wust von Hirnge-
spinsten, den er las, als die
verbürgteste Geschichte
von der Welt erschien.
MIGUEL CERVANTES

Wilhelm Hauff, *Das kalte Herz*

Eduard Mörike, *Mozart auf der Reise nach Prag*

Adalbert Stifter, *Bergkristall*

Georg Büchner, *Lenz*

Theodor Fontane, *Effi Briest*

Gottfried Keller, *Romeo und Julia auf dem Dorfe*

Arthur Schnitzler, *Traumnovelle*

Thomas Mann, *Der Tod in Venedig*

Thomas Mann, *Der Zauberberg*

Rainer Maria Rilke, *Ausgesetzt auf den Bergen des Herzens*

Stefan Zweig, *Die Welt von Gestern*

Kurt Tucholsky, *Schloß Gripsholm*

Keine Angst vor Weltliteratur!

33 EUROPÄISCHE ROMANE, DEREN LEKTÜRE

DEN HORIZONT ERWEITERT

Lies niemals ein Buch, das nicht ein Jahr alt ist.
RALPH WALDO EMERSON

Ovid, *Metamorphosen*

Giovanni Boccaccio, *Das Dekameron*

Miguel de Cervantes, *Don Quijote*

Ich habe einen Kurs im Schnellesen mitgemacht und bin nun in der Lage, »Krieg und Frieden« in zwanzig Minuten durchzulesen. Es handelt von Rußland.
WOODY ALLEN

William Shakespeare, *Ein Sommernachtstraum*

Daniel Defoe, *Robinson Crusoe*

Henry Fielding, *Tom Jones*

Jonathan Swift, *Gullivers Reisen*

Jean-Jacques Rousseau, *Julie*

Alles, was nicht Literatur ist, langweilt mich.
FRANZ KAFKA

Walter Scott, *Ivanhoe*

Jane Austen, *Emma*

Stendhal, *Die Kartause von Parma*

Alessandro Manzoni, *Die Brautleute*

Die Bücherei war die Welt im Spiegel; sie hätte deren unendliche Dichte, Vielfalt, Unvorhersehbarkeit. Ich stürzte mich in unglaubliche Abenteuer: ich mußte auf Stühle klettern, auf Tische und riskierte dabei, Lawinen auszulösen, die mich begraben hätten.
JEAN-PAUL SARTRE

Manchmal ist das ganz nützlich. Oft sprechen die Bücher von anderen Büchern. Oft ist ein harmloses Buch wie ein Samenkorn, das in einem gefährlichen Buch aufkeimt, oder es ist umgekehrt die süße Frucht einer bitteren Wurzel.
UMBERTO ECO

Honoré de Balzac, *Glanz und Elend der Kurtisanen*

Alexandre Dumas, *Die drei Musketiere*

Victor Hugo, *Die Elenden*

Hans Christian Andersen, *Märchen*

Charles Dickens, *Große Erwartungen*

Iwan Turgenjew, *Väter und Söhne*

Fjodor M. Dostojewskij, *Schuld und Sühne*

Gustave Flaubert, *Lehrjahre des Gefühls*

Leo Tolstoi, *Anna Karenina*

Jules Verne, *Reise zum Mittelpunkt der Erde*

Émile Zola, *Nana*

Oscar Wilde, *Lady Wintermeres Fächer*

Dichter empfehlen Dichter

Heinrich Heine empfiehlt:
GOTTHOLD EPHRAIM LESSING
Merkwürdig ist es, daß jener witzigste Mensch in Deutschland
auch zugleich der ehrlichste war. Nichts gleicht seiner Wahr-
heitsliebe. Lessing machte der Lüge nicht die mindeste Kon-
zession, selbst wenn er dadurch, in der gewöhnlichen Weise der
Weltklugen, den Sieg der Wahrheit befördern konnte.

Kurt Tucholsky empfiehlt:
GEORG CHRISTOPH LICHTENBERG
Von dem, was in diesen ›Sudelbüchern‹, wie er das genannt hat,
an Witz heute verschüttet liegt, leben andere Leute ihr ganzes
Leben … Nein, die Welt ändert sich nicht, und dies ist ein sehr
aktueller Schriftsteller; er ist niemals etwas anderes gewesen.

Georg Herwegh empfiehlt:
FRIEDRICH HÖLDERLIN
Hölderlin! von ihm wollte ich schreiben, und das Herz pocht
mir schon, wenn ich an ihn denke! – Hölderlin, der eigentliche
Dichter der Jugend, dem Deutschland eine große Schuld abzu-
tragen hat, weil er an Deutschland zu Grunde gegangen ist.

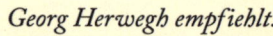

Hermann Hesse empfiehlt:

NOVALIS

Hinterlassen hat er das wunderlichste und geheimnisvollste Werk, das die deutsche Geistesgeschichte kennt. Ebenso wie sein kurzes, äußerlich tatenloses Leben den Eindruck seltsamster Fülle macht und jede Sinnlichkeit wie jede Geistigkeit erschöpft zu haben scheint, so zeigen die Runen dieses Werkes unter spielender, entzückend blumiger Oberfläche alle Abgründe des Geistes, der Vergöttlichung durch den Geist und der Verzweiflung am Geiste.

Es ist idiotisch, sieben
oder acht Monate an einem
Roman zu schreiben, wenn
man in jedem Buchladen
für ein paar Dollar einen
kaufen kann.

MARK TWAIN

Die Literatur ist so hart-
näckig wie ein Laster und
so anstrengend wie die
Tugend.

EDITH WHARTON

Sebastian Haffner empfiehlt:
HEINRICH VON KLEIST
Ich weiß, wenn ich mich mit Kleist einlasse, dann flirte ich mit
der Hölle. Ich tue es nicht gern. Wenn ich es aber tue, dann kom-
men mir eher als bei dem edlen Schiller und dem weisen Goethe
und dem prächtigen Lessing leider die Begeisterungstränen.

Thomas Mann empfiehlt:
JOSEPH VON EICHENDORFF
Es ist nichts als Traum, Musik, Gehenlassen, ziehender Post-
hornklang, Fernweh, Heimweh, Leuchtkugelfall auf nächtli-
chem Park, törichte Seligkeit, so daß einem die Ohren klin-
gen und der Kopf summt vor poetischer Verzauberung und
Verwirrung. Aber auch Volkstanz im Sonntagsputz und wan-
dernde Leierkasten … Gesundheit, Frische, Einfalt, Frauen-
dienst, Humor, Drolligkeit, innere Lebenslust und eine stete
Bereitschaft zum Liede, zum reinsten, erquickendsten, wun-
derschönsten Gesang.

Klabund empfiehlt:
ANNETTE VON DROSTE-HÜLSHOFF
Ihre Formen sind streng, herb, ihr Gang ist straff, ihre Miene
leicht verdüstert: wie ein halb heller Tag auf der westfälischen
Heide, wenn Erde und Himmel die Plätze vertauscht haben.

Friedrich Nietzsche empfiehlt:
HEINRICH HEINE
Den höchsten Begriff vom Lyriker hat mir Heinrich Heine
gegeben. Ich suche umsonst in allen Reichen der Jahrtausende
nach einer gleich süßen und leidenschaftlichen Musik. Er be-
saß jene göttliche Bosheit, ohne die ich mir das Vollkommene
nicht zu denken vermag.

Gottfried Keller empfiehlt:
WILHELM HAUFF

Hauff scheint mir ein wahres Genie, ein Dichter zu sein. Er hat jenen einfachen, naiven und doch so tiefen und bezaubernden Stil, der an Goethe so hinreißt, wenigstens mich. Da ist nichts Gesuchtes, nichts Geschrobenes, die Ausdrücke und Bilder sind einem aus der Seele gegriffen, man weiß keine andern passenden zu finden.

Je reicher man an Urteilen ist, desto ärmer wird man an Vorurteilen.
HENRY MILLER

Heinrich Böll empfiehlt:
GEORG BÜCHNER

Die Unruhe, die Büchner stiftete, ist von überraschender Gegenwärtigkeit. Über fünf Geschlechter hinweg springt sie einem entgegen, einen an mit dieser wilden, von Todesahnung gezeichneten Schönheit, mit einer dunklen Glut, die es nur selten in der Geschichte unserer Literatur gegeben hat.

Heinrich Mann empfiehlt:
THEODOR FONTANE

Der moderne Roman wurde für Deutschland erfunden, verwirklicht, auch gleich vollendet von einem Preußen … Theodor Fontane. Als erster hat er wahrgemacht, daß ein Roman das gültige, bleibende Dokument einer Gesellschaft, eines Zeitalters sein kann.

Wolf Biermann empfiehlt:
JUREK BECKER

Becker erfindet eine Erfahrung neu, eine, die immer galt und immer gelten wird, solange Menschen so grausam zugrunde gehen: Die Verzweifelten und sogar die unrettbar Verlorenen brauchen eben noch bis zum allerletzten Atemzug die erfundene Hoffnung auf eine Überlebenschance.

Albert Ostermaier empfiehlt:
BERTOLT BRECHT
Brecht ist ein himmlischer Dichter. Bei keinem anderen hängt der Himmel so »ungeheuer oben«, ob nachts mit oder tagsüber ohne Sterne, ob die Raketen in ihn steigen oder eine Schiffschaukel, ob er vom Bombengewitter zittert oder sich in den Augen seine Unwetter und Sonnensegel spiegeln. Wir alle kennen den Himmel, ich habe ihn mit Brecht neu sehen gelernt.

Alfred Polgar empfiehlt:
ERICH MARIA REMARQUE
Remarque erzählt meisterlich, in einer gedrängten, kleinplastischen, den Dingen ganz nah an den Leib rückenden, unmittelbaren Sprache. Der Atem des Augenblicks ist in sie eingefangen.

Hermann Kesten empfiehlt:
ERICH KÄSTNER
Erich Kästner ist ein Sohn des Volks mit Witz, ein Literat mit Geist, ein Volksfreund, ein Freund der Vernünftigen, Weltfreund, ein konsequenter deutscher Poet.

Kuno Raeber empfiehlt:
INGEBORG BACHMANN
Diese mädchenhafte Frau strömte nur Liebe aus. Die Augen, als sie mich ansahen, die Hände als sie mir zutrank, alles war eine Botschaft der Liebe. Ich habe nie einen Menschen gekannt, der bei aller Zurückhaltung, ja Verschlossenheit, so ganz in jeder Geste, in jedem Wort überströmte von Sympathie … eine jeden, der ihr begegnete, belebende und bezaubernde Kraft.

Wenn ich ein Buch lese, und es macht meinen Körper so kalt, daß kein Feuer mich je wärmen könnte, weiß ich, das ist Dichtung. Wenn ich mich fühle, als würde meine Schädeldecke abgenommen, weiß ich, das ist Dichtung. Nur auf diese Art weiß ich es. Gibt es denn eine andere?
EMILY DICKINSON

Der erste Satz

EIN KLEINES RATESPIEL

Raten Sie, aus welchen Romanen die hier zitierten ersten Sätze sind.

1 *Lieber müßiger Leser!* Ohne daß ich es schwöre, kannst Du mir glauben, daß ich von Herzen wünsche, dies Buch, das Kind meines Geistes, möge so schön, so herrlich und klug sein, wie man es sich nur denken kann.

2 Im Spätsommer jenes Jahres lebten wir in einem Haus in einem Dorfe, das über den Fluß und die Ebene zu den Bergen hinübersah.

3 Jemand mußte Josef K. verleumdet haben, denn ohne daß er etwas Böses getan hätte, wurde er eines Morgens verhaftet.

4 Heute war ich nicht in der Schule.

5 So fand ich mich nach vielen Jahren auf einmal zu Hause wieder.

6 Was ist das. Was – ist das …

Wie man lesen soll? Also ich beginne immer links oben mit dem ersten Wort und lese mich daraufhin nach rechts unten durch. Ich finde die Methode durchaus empfehlenswert.
JAMES THURBER

7 Ich wollte es nicht wissen, aber ich habe erfahren, daß eines der Mädchen, als es kein Mädchen mehr war, kurz nach der Rückkehr von der Hochzeitsreise das Badezimmer betrat, sich vor den Spiegel stellte, die Bluse aufknüpfte, den Büstenhalter auszog und mit der Mündung der Pistole ihres eigenen Vaters, der sich mit einem Teil der Familie und drei Gästen im Eßzimmer befand, ihr Herz suchte.

8 Nennt mich Ismael.

9 Ich erinnere mich noch genau an den Morgen, an dem mich mein Vater zum ersten Mal zum Friedhof der Vergessenen Bücher mitnahm.

10 Als die Generation geboren wurde, der ich angehöre, fand sie die Welt ohne Stützen für Leute mit Hirn und Herz vor.

11 Lange Zeit bin ich früh schlafen gegangen.

12 Wenn ihr das wirklich hören wollt, dann wollt ihr wahrscheinlich als erstes wissen, wo ich geboren bin und wie meine miese Kindheit war und was meine Eltern getan haben und so, bevor sie mich kriegten, und den ganzen David-Copperfield-Mist, aber eigentlich ist mir gar nicht danach, wenn ihr's genau wissen wollt.

13 Ich wollte, mein Vater oder auch meine Mutter, oder eigentlich beide – denn es wäre wirklich beider Pflicht und Schuldigkeit gewesen – hätten bedacht, was sie tun wollten, als sie mich zeugten.

14 Alle glücklichen Familien gleichen einander, jede unglückliche Familie ist auf ihre Weise unglücklich.

15 Das Atelier war erfüllt vom üppigen Wohlgeruch der Rosen, und wenn sich der leichte Sommerwind in den Bäumen des Gartens regte, wehte durch die offene Tür der schwere Duft des Flieders und der zartere der Heckenrosen.

16 Er – denn es konnte keinen Zweifel an seinem Geschlecht geben, wenn auch die Mode der Zeit einiges tat, es zu verhüllen – war soeben dabei, auf den Kopf eines Mohren einzusäbeln, der vom Dachbalken baumelte.

17 Über dem Atlantik befand sich ein barometrisches Minimum; es wanderte ostwärts, einem über Rußland lagernden Maximum zu, und verriet noch nicht die Neigung, diesem nördlich auszuweichen.

Das letzte, was wir beim Schreiben eines Buches entscheiden, ist, was am Anfang steht.
BLAISE PASCAL

(Auflösung auf Seite 159)

Die Geschenke-Listen

Bücher, die ich verschenkt habe

Leser sind Komplizen, die
einander nicht kennen.
MARTIN WALSER

Es gibt viele Arten zu lesen, und man muß zwischen Lesen und Lesen scheiden: Lesen, um zu lernen, Lesen, um in etwas einzudringen, Lesen, um den Geist in Bewegung zu bringen, Lesen als Gespräch, Lesen als Kunst. Alle lassen sich in drei Arten zusammenfassen: Lesen zur Orientierung, Lesen als Übung und schöpferisches Lesen. Dazu ist in neuerer Zeit noch eine sehr verbreitete Art gekommen: Lesen aus Gewohnheit. Und diese Gewohnheit kann, wie das Rauchen, zur Süchtigkeit anwachsen. Der so Geplagte muß in jedem unbeschäftigten Augenblick, wo er auch immer sein mag, lesen.

PETER SUHRKAMP

Bücher, die ich mir wünsche

Wenn wir jemanden von
hervorragender Intelligenz
treffen, sollten wir ihn
fragen, welche Bücher
er liest.

RALPH WALDO EMERSON

Ein Haus ohne Bücher ist
arm, auch wenn schöne
Teppiche seinen Boden
und kostbare Tapeten
und Bilder die Wände
bedecken.

HERMANN HESSE

Bildnachweis

Archiv für Kunst und Geschichte
23 Asta Noerregaard, Lesende Frau (um 1889) 33 Otto Scholderer, Letztes Kapitel (1883) 73 Iwan Nikolajewitsch Kramskoi, Bei der Lektüre (1870) 81 Jean-Honoré Fragonard, L'Étude (1769) 86 Jean-Etienne Liotard, Die schöne Leserin (1746) 97 Albert Marquet, Stehender weiblicher Akt (1910) 113 Mosè Bianchi, Lesende junge Frau (1870) 117 Augustus Jules Bouvier, Valeria (o.J.) 133 Jean Raoux, Der Brief (1720) 135 John William Godward, Billet Doux (1913)

Artothek
17 Auguste Renoir, Lesende Frau (1900) 27 Auguste Renoir, Lesende (o.J.)

Corbis
35 Guy Rose, Marguerite (ca. 1908 – 1910) 67 Jessie Willcox Smith, Mother and Children Reading (1909) 93 Druck, Woman Reading (19. Jahrhundert) 95 Conrad Kiesel, The Latest Novel (ca. 1900) 103 Kim M. Koza, Beach Lady (2022) 105 Claude Monet, Waldszene (1875) 123 Anne Belov, Chance Meeting (2001) 129 Mary Louise Gow, Precious Moments (1897) 130/131 Claude Monet, Frau im Garten, Frühling (ca. 1875) 143 William Kay Blacklock, A Quiet Read (1913)

Meridian Fine Arts Publishing
7 Albert Joseph Moore, Reading Aloud (1884) 14/15 Ramón Casas y Carbo, Après le bal (1895) 19 Albert Anker, Lesendes Mädchen (1884) 21 Théodore Roussel, Lesendes Mädchen (1886/1887) 25 Edmund Tarbell, Girl Reading (1912) 29 Robert Panitzsch, Im Rosengarten (o.J.) 31 Edward Gelhay, Elegant Women in a Library (o.J.) 36/37 Frank Dicey, Roman oder Lesende Dame im Garten (1872) 39 Edmund Blair Leighton, Sweet Solitude (1919) 40/41 Sir Edward Burne-Jones, Portrait of Katie Lewis (1886) 43 Jean-Honoré Fragonard, Lesendes Mädchen (1770) 45 Jean Baptiste Camille Corot, Lesende mit

Textnachweis

Ingeborg Bachmann: Das Buch, das herrlich ist. Aus: Malina. © 1971 Suhrkamp Verlag, Frankfurt am Main.

Umberto Eco: Die Bibliothek als etwas Lebendiges. Aus: Der Name der Rose. © 1982 Carl Hanser Verlag, München.

Michael Ende: Die unendliche Geschichte. Aus: Die unendliche Geschichte. © 1979 Thienemann Verlag, Stuttgart und Wien.

Ulrich Greiner: Lesen und Flüchten. Aus: Leseverführer. Eine Gebrauchsanweisung zum Lesen schöner Literatur. © 2005 C. H. Beck Verlag, München.

Sándor Márai: Wiederlesen. Aus: Himmel und Erde. Betrachtungen. © 2001 Piper Verlag, München.

Orhan Pamuk: Das Buch, das mein Leben veränderte. Aus: Das neue Leben. © 1998 Carl Hanser Verlag, München und Wien.

Daniel Pennac: Eine sommerliche Kindheitserinnerung/Die unantastbaren Rechte des Lesers. Aus: Wie ein Roman. Von der Lust zu lesen. © 1994 Verlag Kiepenheuer & Witsch, Köln.

Marcel Proust: Das Lieblingsbuch. Aus: Tage des Lesens. © 1989 und 1992 Suhrkamp Verlag, Frankfurt am Main.

Johannes Thiele: Wenn Literatur alles ist. Aus: Die großen deutschen Dichter und Schriftsteller. © 2006 Marix Verlag, Wiesbaden.

Und hier die Auflösung des Ratespiels »Der erste Satz« (Seite 147–149):

(1) Miguel Cervantes, *Don Quijote.*

(2) Ernest Hemingway, *In einem andern Land.*

(3) Franz Kafka, *Der Prozeß.*

(4) Imre Kertész, *Roman eines Schicksallosen.*

(5) Milan Kundera, *Der Scherz.*

(6) Thomas Mann, *Buddenbrooks.*

(7) Javier Marias, *Mein Herz so weiß.*

(8) Herman Melville, *Moby Dick.*

(9) Carlos Ruiz Zafón, *Der Schatten des Windes.*

(10) Fernando Pessoa, *Das Buch der Unruhe.*

(11) Marcel Proust, *Auf der Suche nach der verlorenen Zeit.*

(12) Jerome D. Salinger, *Der Fänger im Roggen.*

(13) Lawrence Sterne, *Tristram Shandy.*

(14) Leo Tolstoi, *Anna Karenina.*

(15) Oscar Wilde, *Das Bildnis des Dorian Gray.*

(16) Virginia Woolf, *Orlando.*

(17) Robert Musil, *Der Mann ohne Eigenschaften.*

ISBN 978-3-85179-004-7

© 2007 der deutschen Ausgabe:
Thiele Verlag in der
Thiele & Brandstätter Verlag GmbH,
München und Wien

Übersetzung aus dem Italienischen: Mariana Gallo
Deutsche Bearbeitung: Nina Merian
Redaktion: Julia Birkhäuser
Umschlaggestaltung: Harald Braun, Berlin
Umschlagbild: Albert Joseph Moore, Red Berries
Illustrationen: Renaissance Books, München
Layout und Satz: Christine Paxmann, München
Druck und Bindung: Grasl Druck & Neue Medien, Bad Vöslau

www.thiele-verlag.com